La Confrontation [1]

INTERPRÉTÉE POUR LA PREMIÈRE FOIS

SUR LA SCÈNE DU CONCERT DE LA SCALA

LE 21 DÉCEMBRE 1891

(1) *Intercalée dans l'acte des Théâtres de la Revue de* MM. BATTAILLE et DELORMEL : **C'est Dégoutant !**

OSCAR MÉTÉNIER

La Confrontation

SCÈNE DRAMATIQUE

interprétée

Par M. MÉVISTO

Du Concert de la Scala

PARIS
TRESSE & STOCK
LIBRAIRES-ÉDITEURS
8, 9, 10 & 11, Galerie du Théâtre-Français

1892

Tous droits réservés

Au très brave et très puissant interprète
de la **Confrontation**,

A mon Ami Mévisto

Souvenir affectueux de son reconnaissant

Oscar MÉTÉNIER.

PERSONNAGES

Jacques Chapoulle. . . . . MM. Mévisto

Le Juge d'Instruction. . . . . . . Maurel

Agents de la Sureté

La Confrontation

SCÈNE DRAMATIQUE

— ⸺ ✦ ⸺ —

LE JUGE D'INSTRUCTION, assis à une table, DES AGENTS
DE LA SURETÉ, puis JACQUES CHAPOULLE

—

LE JUGE

Introduisez l'inculpé ! (Les agents vont chercher
Chapoulle et l'amènent.) Avancez ! (L'un des agents
débarrasse l'inculpé du cabriolet qui lui enserre le poignet.)
Jacques Chapoulle, des charges nombreuses pèsent
sur vous, vous le savez !... On vous a vu rôdant,
quelques heures avant le crime, autour de la maison

de votre mère, vous qui, depuis longtemps, aviez rompu toutes relations avec elle. . Vous ne travaillez pas... Vous n'avez aucun moyen d'existence avouable et vous avez déjà subi plusieurs condamnations, la dernière à deux ans de prison pour attaque nocturne, suivie de vol... Persistez-vous dans votre système de défense ?

CHAPOULLE haussant dédaigneusement les épaules

J'ai pas besoin de saigner pour tortorer... Je turbine... V'là tout ce que je peux dire...

LE JUGE

Vous ne répondez pas à ma question... Des témoins vous ont vu rôdant autour de la maison de votre mère... Quelques-uns affirment que vous étiez ivre. Vous n'avez pas pu me donner l'emploi de votre temps. Qu'y veniez-vous faire ?

CHAPOULLE

J'ai rien à dire. . (Il s'assied.)

LE JUGE (Il se lève, fait un geste et l'un des agents sort.)

Vous êtes ici devant le cadavre de votre mère...
(Un grand temps ; la lumière baisse progressivement.)

Je vous adjure de dire la vérité !... (La scène
s'obscurcit complètement.) Regardez !

(La toile métallique du fond s'éclaire subitement et dans
un coup de lumière apparaît étendu sur une table le
cadavre recouvert d'un suaire de la mère Chapoulle.
La tête est livide, les yeux grands ouverts, la bouche
déformée dans un rictus et la gorge ensanglantée.)

CHAPOULLE

(Tout d'abord l'inculpé ne comprend pas. Le juge
insiste du geste et du regard. Alors, Chapoulle se lève et,
comme hypnotisé par la vue du cadavre, les bras en avant,
il marche vers l'apparition, mais il recule aussitôt, en
proie à une indicible terreur. Les agents le saisissent et
le forcent à regarder. A trois reprises différentes, le cou
tendu et comme fasciné, il se penche sur sa victime,
désignant du doigt les yeux fixes de la morte et criant
d'une voix rauque :) Oh ! ces châsses ! ces châsses !
(Puis il défaille ; les agents le soutiennent, le ramènent
en face du juge. On lui administre un cordial. Cédant
alors à une espèce d'attraction magnétique, obéissant à un
irrésistible et subit désir de parler, de tout dire, il avoue :)

Eh bien ! oui... c'est moi !... je l'ai tuée, la
pauvre vieille !... Mais c'est de sa faute... elle se
débattait... elle n'voulait pas !... Ah ! ma foi,
tant pis !... J'ai eu peur... ma parole !... mais ça
n'a pas duré !... Pauv' dabuche ! au fond, elle était
pas méchante, mais pour élever les momignards,
elle avait pas le chic !... Quand j'étais gosse, c'était
pas drôle à la maison, tous les jours... le père était

mort... on avait pas le rond... Alors, la mère a
dégoté une médaille à la Préfectance... une
roulante... moi j'faisais le gaille et va comme je te
pousse ! La camelotte se vendait bien... on était
content... mais v'là l'chiendent ; quand la galette
a rappliqué, aurait fallu boulotter un peu mieux...
Rien ! Il y fallait des piles et des piles à la vieille. .
l'argent au fond d'un bas et rien dans l'fusil ! Ça
pouvait pas durer ! J'm'ai r'biffé... on s'a battu !
Elle était forte, dans c'temps là ! Alors, moi, je
m'suis trotté... Voilà !... (Un temps.) J'avais pas
encore douze berges, qu'all's'occupait déjà pus
d'moi... Tous mes petits copains allaient apprendre
chez les frères... au jour d'aujourd'hui, ils savent
lire et écrire... moi, pas ça !... bête comme une
oie !... et c'est sa faute !... (Il se lève.) Oui... c'est
sa faute ! Pendant qu'all' f'sait des économies, ell'
m'laissait galvauder, un grimpant déchiré aux
gambettes et pas d'p'lure sur l'rable... Ah ! ça y
était ben égal ! J'suis d'venu grand ! J'étais fatigué
d'filer la comète, j'en avais assez d'la belle, je m'suis
fait barbe ! Puisque j'y suis, j'peux tout dire est-ce
pas ?... Je m'suis fait barbe... oui... barbe, et
puis pègre ! J'en ai boulotté d'la cellule, mais les
pantes ont casqué et pus d'quat'fois.. Et tout ça,
à cause de qui ?... A cause d'elle ! A Mazas, où que

je m'marrais, elle est seul'ment pas v'nue m'assister... c'est les gonzesses des copains qui me r'filaient un peu de pognon pour mon tabac! Elle? rien! rien! D'aut's fois, quand j'avais pas le rond, dam'! c'est naturel, quand ma ménesse était emballée, ça rapporte rien, Saint-Lazare! ell' s'en battait l'œil! elle s'en foutait!... Ça! une mère, allons donc! Ah! malheur de malheur!... (Un grand temps.) Le jour de l'affaire... au matin... il m'est arrivé un' lett' de la p'tit' Coco, vous savez ben, la p'tit' Coco, celle-là qu'était ma femme, ma vraie! — elle est en prison — a'm'demandait d'l'assister! J'fouille mon morlingue, nibé! j'étais meule! J'pouvais pourtant pas la laisser comme ça c'te pauv' gosse! Fallait en sortir! Mettez-vous à ma place! Alors, qu'est-ce que je fais?.. j'vas aux Halles, j'descends au Caveau, j'y trouve ben des aminches, mais tous comme moi, fauchés! J'aurais ben tâché d'dégoter un aut' flanche, mais y m'fallait du pognon tout d'suite et j'avais pas d'temps à perdre... Alors, tout d'un coup, j'ai pensé à la vieille! Mais, là, vrai de vrai! j'voulais pas la tuer, j'voulais rien qu'lui faire peur. Pour m'donner du cœur, j'm'étais enfilé quat' verrées d'absinthe. Vers les cinq plombes, j'rapplique à la turne, c'est l'heure qu'elle revient avec son pèze. J'entre et j'y dis : — « Y m'faut de l'oseille pour ma femme, tout de suite, j'en ai pas, j'viens en chercher ! » — « Mets ton alpague au clou » qu'ell' m'dit. » — « J'en ai pas » que j'lui réponds. — « Eh ben ! turbine, feignant ! » - Feignant ! moi ! ça c'est trop fort ! Un moment, j'ai vu rouge, j'voulais taper ! je m'suis r'tenu !... Feignant ? faut pas l'être feignant, pour faire la cambriole ! Les monte-en-l'air sont des zigs et j'en suis ! Ma patience s'est usée à la fin et pour terminer la discussion... j'ai pus rien dit, mais j'ai pris ma pince et j'ai été à l'armoire... Alors, v'la qu'elle s'jette sur moi comme une enragée. — « Tu crois que j'travaille pour tes mirettes ? Tu t'tromp's, mon gars, et tu vas voir ! » Et elle est venue sur moi avec son couperet à la main... J'vous l'demande, qui qu'aurait supporté ça?... Je m'suis défendu... et pour l'empêcher d'gueuler... je l'ai scionnée... oui, je l'ai scionnée, rien qu'un coup... sec!... ça y a été ! (Il se retourne vers le cadavre à qui la lumière donne une apparence de vie.) Ah! bon Dieu de bon Dieu ! regardez!... v'là qu'elle rit !... elle rit !... Oh ! ces châsses !... ces châsses ! (Il s'échappe, en proie à une crise de nerfs, et retombe entre les bras des agents. Pendant qu'on le ranime, brusquement la vision disparait. Hébété, il regarde autour de lui, passe sa main sur son front comme s'il sortait d'un cauchemar, considère tour à tour les agents et le juge; puis, peu à peu, il reprend son assurance et redevient cyniquement gouailleur.) Vous êtes des malins... je me suis trahi!... j'ai perdu la boule et je me suis mis à table... tant pis pour moi!... Un peu plus tôt, un peu plus tard... fallait toujours que j'y passe!... Je m'en fous!... Coco a toujours sa braise!... J'y devais bien ça!

LE JUGE

La justice vous tiendra compte de vos aveux, surtout si vous manifestez un repentir sincère du crime que vous avez commis.

CHAPOULLE, d'un air dégagé.

Hein ?... repentir ?... Entre nous, elle l'avait pas volé!... (Haut-le-corps du juge.) Dam ! c'est de sa faute... Pourquoi qu'a m'a si mal élevé ?...

A. WARMONT
22-24
Galerie d'Orléans
PALAIS-ROYAL
PARIS